«9Marks, como mi. _..., ha tomado la enseñanza básica de la Biblia acerca de la iglesia y la ha puesto en las manos de los pastores. Bobby, a través de estas guías de estudio, ha tomado esta enseñanza y la ha entregado a la persona sentada en el banco de la iglesia. No conozco ninguna otra herramienta que ayude —de forma tan completa y práctica— a los cristianos a entender el plan de Dios para la iglesia local. Estoy deseando usar estos estudios en mi propia congregación».

Jeramie Rinne, Pastor principal, *South Shore Baptist Church*, Hingham, Massachusetts

«Bobby Jamieson ha hecho un servicio increíble a los pastores de las iglesias locales al escribir estas guías de estudio. Claras, bíblicas y prácticas, dan una introducción a la base bíblica de una iglesia sana. Pero lo más importante es que equipan y desafían a los miembros de la iglesia a ser parte del proceso de mejora de la salud de su propia iglesia. Los estudios se pueden hacer de forma individual, en grupos pequeños, y con grupos más grandes. Los usé el año pasado en mi propia iglesia y he apreciado lo fácil que ha sido adaptarlos a la realidad de mi congregación. No conozco nada parecido. ¡Altamente recomendable!».

Michael Lawrence, Pastor principal, *Hinson Baptist Church*, autor de *Biblical Theology in the Life of the Church*

«Este es un estudio bíblico verdaderamente enraizado en la Biblia e implica estudiar de verdad. En la serie *Guías de estudio 9Marks de una iglesia sana*, se ha establecido un nuevo estándar para el descubrimiento teológico y la correspondiente aplicación personal. Una rica exposición, preguntas convincentes y síntesis claras se combinan para hacer una visita guiada a la eclesiología (la teología de la iglesia). No conozco mejor currículo que este para generar entendimiento e implicación en la iglesia. Será un recurso bienvenido en nuestra iglesia durante los próximos años».

Rick Holland, Pastor principal, *Mission Road Bible Church*, Prairie Village, Kansas

«En los Estados Unidos tenemos hoy las iglesias más grandes de la historia de nuestra nación, pero el menor impacto para el reino de Cristo. Un marketing hábil y unas declaraciones de visión finamente pulidas son un fundamento de arena. La serie *Guías de estudio 9Marks de una iglesia sana* es una alternativa refrescante a los típicos materiales de crecimiento de iglesias, que lleva a un estudio profundo de la Palabra de Dios, que equipará al pueblo de Dios con su visión para su iglesia. Estas guías de estudio llevarán a las congregaciones locales a abandonar las metodologías seculares de crecimiento y en su lugar confiar en los principios de Cristo para desarrollar asambleas sanas que honren a Dios».

Carl J. Broggi, Pastor principal, *Community Bible Church*, Beaufort, Carolina del Sur; Presidente, *Search the Scriptures Radio Ministry*

«Cualquiera que ame a Jesús amará lo que Jesús ame. La Biblia enseña claramente que Jesús ama a la iglesia. Él conoce y cuida a las iglesias individualmente y quiere que sean espiritualmente sanas y vibrantes. Jesús no solo dio su vida por la Iglesia, sino que también ha dado muchas instrucciones en su Palabra con respecto a cómo las iglesias deben vivir y funcionar en el mundo. Esta serie de estudios bíblicos de 9Marks muestra cómo la Escritura enseña estas cosas. Cualquier cristiano que trabaje estos materiales —preferiblemente con otros cristianos— verá de una manera fresca la sabiduría, el amor y el poder de Dios para establecer la iglesia en la tierra. Estos estudios son bíblicos, prácticos y accesibles. Recomiendo altamente este plan de estudio como una herramienta útil que ayudará a cualquier iglesia a abrazar su llamado para mostrar la gloria de Dios a un mundo que observa».

Thomas Ascol, Pastor principal, *Grace Baptist Church of Cape Coral*, Florida; Director Ejecutivo, *Founders Ministries*

GUÍAS DE ESTUDIO 9MARKS
DE UNA IGLESIA SANA

Edificada sobre la roca: La Iglesia

Oyendo la Palabra de Dios: La predicación expositiva

Toda la verdad acerca de Dios: La teología bíblica

La buena noticia de Dios: El evangelio

Un cambio verdadero: La conversión

Alcanzando a los perdidos: La evangelización

Comprometiéndonos unos con otros: La membresía de la iglesia

Guardándonos unos a otros: La disciplina en la iglesia

Creciendo juntos: El discipulado en la iglesia

Guiándonos unos a otros: El liderazgo de la iglesia

EDIFICANDO IGLESIAS SANAS

COMPROMETIÉNDONOS UNOS CON OTROS:
LA MEMBRESÍA DE LA IGLESIA

GUÍAS DE
ESTUDIO DE
UNA IGLESIA
SANA

Bobby Jamieson
Mark Dever, Editor General
Jonathan Leeman, Director de Edición

ÍNDICE

INTRODUCCIÓN

¿Qué significa la iglesia local para ti?

Quizá ames a tu iglesia. Amas a la gente. Te encanta la predicación y los cánticos. Estás deseando asistir el domingo, y tienes comunión con otros miembros de la iglesia a lo largo de la semana.

Tal vez tu iglesia sea solo un lugar en el que apareces un par de veces al mes. Llegas tarde a escondidas, y te marchas antes de tiempo.

En 9Marks estamos convencidos de que la iglesia local es donde Dios quiere mostrar su gloria a las naciones. Y queremos ayudarte a captar esta visión, junto con tu iglesia entera.

Las *Guías de estudio 9Marks de una iglesia sana* son una serie de estudios de seis o siete semanas sobre cada una de las «nueve marcas de una iglesia sana», más un estudio introductorio. Estas nueve marcas son las convicciones esenciales de nuestro ministerio. Para proveer una rápida introducción a ellas, hemos incluido un capítulo del libro de Mark Dever *¿Qué es una iglesia sana?* en cada estudio. No pretendemos que estas nueve marcas sean las cosas más importantes acerca de la iglesia o que sean las únicas cosas importantes sobre la iglesia. Pero sí creemos que son bíblicas y por tanto útiles para las iglesias.

Así que, en estos estudios, vamos a trabajar los fundamentos bíblicos y las aplicaciones prácticas de cada marca. Los diez estudios son:

- *Edificada sobre la roca: La Iglesia (un estudio introductorio)*
- *Oyendo la Palabra de Dios: La predicación expositiva*
- *Toda la verdad acerca de Dios: La teología bíblica*
- *La buena noticia de Dios: El evangelio*
- *Un cambio verdadero: La conversión*
- *Alcanzando a los perdidos: La evangelización*
- *Comprometiéndonos unos con otros: La membresía de la iglesia*
- *Guardándonos unos a otros: La disciplina en la iglesia*
- *Creciendo juntos: El discipulado en la iglesia*
- *Guiándonos unos a otros: El liderazgo de la iglesia*

Cada uno de estos estudios analiza en profundidad uno o más pasajes de la Escritura y considera cómo aplicarlos a la vida de tu congregación. Esperamos que sean igualmente apropiados para la escuela dominical, los grupos pequeños, y otros contextos donde un grupo de entre dos y doscientas personas puedan reunirse y estudiar la Palabra de Dios.

Estos estudios se basan principalmente en la observación, en la interpretación, y en preguntas de aplicación, así que ¡prepárate para hablar! También esperamos que estos estudios proporcionen oportunidades para que las personas reflexionen juntas sobre sus experiencias en la iglesia, cualesquiera que sean.

La mayoría de la gente piensa que la membresía de la iglesia es como la membresía en un club. Si quieres algunos beneficios

12

extras, o aspiras a ser un líder algún día, deberías unirte. Si no, deberías sentirte libre de ir y venir según te plazca. Al fin y al cabo, la membresía de la iglesia no está en la Biblia, ¿verdad?

¿Qué piensas? ¿Es bíblica la membresía de la iglesia? ¿Importa? Este estudio argumenta que la membresía de la iglesia es bíblica, que cada cristiano debería ser miembro de una iglesia, y que la membresía de la iglesia marca una profunda diferencia en la vida cristiana.

Empezaremos con nuestra necesidad de la membresía de la iglesia. El pecado es engañoso, y necesitamos verdaderamente rendirnos cuentas unos a otros.

A continuación consideraremos el mandato de la membresía. Al fin y al cabo, si la membresía de la iglesia no es bíblica, no puede ser más que opcional. Pero creemos que, tras haber considerado cuidadosamente la Escritura, verás que Jesús espera que cada cristiano sea un miembro comprometido de una iglesia local.

Las siguientes tres sesiones se centran en el objetivo, los desafíos, y la naturaleza de la membresía de la iglesia. ¿Para qué finalidad trabajamos como miembros de la iglesia? ¿Cuáles son algunos de los obstáculos? ¿Y qué significa exactamente que somos miembros los unos de los otros?

La sexta sesión considera nuestras responsabilidades mutuas, y hacia Dios, como miembros de la iglesia. Y la séptima sesión concluye nuestro estudio retirando el velo para vislumbrar la gloriosa realidad a la cual apunta la membresía de la iglesia.

13

Ya seas un escéptico, un indeciso, o un miembro de iglesia activo, esperamos que estos estudios te muestren la necesidad, el poder y la hermosura de la membresía de la iglesia.

UNA MARCA IMPORTANTE DE UNA IGLESIA SANA: UN ENTENDIMIENTO BÍBLICO DE LA MEMBRESÍA

POR MARK DEVER

Originalmente publicado como el capítulo 10
del libro ¿Qué es una iglesia sana?

¿Es la membresía de la iglesia un concepto bíblico? En un sentido, no lo es. Abre el Nuevo Testamento y no encontrarás ningún relato, digamos, de Priscila y Aquila mudándose a la ciudad de Roma, buscando una iglesia, después otra, y finalmente decidiéndose a unirse a una tercera. Por lo que sabemos, nadie iba «de compras» para encontrar una iglesia, porque solo había una iglesia en cada comunidad. En ese sentido, no encontrarás una lista de miembros de la iglesia en el Nuevo Testamento.

Pero las iglesias del Nuevo Testamento aparentemente tenían listas de personas, como las listas de viudas que eran sustentadas por la iglesia (1 Ti. 5). De forma más significativa, algunos pasajes del Nuevo Testamento sugieren que las iglesias tenían algún modo de identificar a sus miembros. Sabían quién pertenecía a sus asambleas y quién no.

En una ocasión, por ejemplo, un hombre en la iglesia de Corinto estaba viviendo en inmoralidad «cual ni aun se nombra entre los gentiles» (1 Co. 5:1). Pablo escribió a los corintios y les dijo que excluyesen a ese hombre de su asamblea. Ahora, para y piensa acerca de esto. No puedes excluir formalmente a alguien si esa persona no está incluida formalmente para empezar.

Parece que Pablo vuelve a referirse a este mismo hombre en su siguiente carta a los corintios al decir que «para él es suficiente el castigo que le impuso la mayoría» (2 Co. 2:6 NVI). Detente y piensa de nuevo. Solo puedes tener una «mayoría» si hay un grupo definido de personas, en este caso una membresía de la iglesia definida.

Pablo se preocupaba de quién estaba dentro y quién estaba fuera. Le importaba porque el Señor Jesús mismo había dado a las iglesias la autoridad de trazar una línea —del mejor modo humanamente posible— a su alrededor, con el fin de diferenciarse del mundo.

> De cierto os digo que todo lo que atéis en la tierra, será atado en el cielo; y todo lo que desatéis en la tierra, será desatado en el cielo. (Mt. 18:18; véase también 16:19; Jn. 20:23)

Hemos dicho que las iglesias sanas son congregaciones que reflejan cada vez más el carácter de Dios. Por tanto, nuestros registros terrenales deben de aproximarse, tanto como sea posible, a los mismos registros del cielo; aquellos nombres escritos en el libro de la vida del Cordero (Fil. 4:3; Ap. 21:27). Una iglesia sana recibe y descarta a individuos que profesan fe, tal y como enseñan los autores del Nuevo Testamento. Es decir, se busca tener una comprensión bíblica de la membresía.

LA MEMBRESÍA BÍBLICA SIGNIFICA COMPROMISO

Un templo tiene ladrillos. Un rebaño tiene ovejas. Una vid tiene ramas. Y un cuerpo tiene miembros. En un sentido, la membresía de la iglesia comienza cuando Cristo nos salva y nos hace miembros de su cuerpo. No obstante, su obra ha de tener su expresión en una iglesia local. En este sentido, la membresía de la iglesia comienza cuando nos comprometemos con un cuerpo en particular. Ser cristiano significa estar unido a una iglesia.

La Escritura, por tanto, nos enseña a congregarnos de forma regular para que podamos regocijarnos regularmente en nuestra común esperanza y estimularnos con regularidad al amor y a las buenas obras (He. 10:23-25). La membresía de la iglesia no es simplemente una casilla que una vez marcamos en una hoja. No es un sentimiento emocional. No es una expresión de afecto a un lugar familiar. No es una expresión de lealtad o deslealtad hacia los padres. Debería ser el reflejo de un compromiso vivo, o si no, no vale para nada. De hecho, es peor que algo que no vale para nada; es peligroso, como veremos en breve.

LA MEMBRESÍA BÍBLICA SIGNIFICA ASUMIR RESPONSABILIDAD

La práctica de la membresía de la iglesia entre los cristianos tiene lugar cuando los cristianos se aferran los unos a los otros con responsabilidad y amor. Al identificarnos con una iglesia local en particular, no solo estamos diciendo a los pastores de la iglesia y a los otros miembros que nos comprometemos con ellos, sino que nos comprometemos con ellos a reunirnos, a ofrendar, a orar y a servir. Les estamos diciendo que esperen ciertas cosas de nosotros y que nos consideren responsables si no seguimos haciéndolas. Unirse a una iglesia es un acto en el que decimos, «Ahora soy tu responsabilidad, y tú eres mi responsabilidad». Sí, esto es contrario a la cultura. Aun más, es contrario a nuestras naturalezas pecaminosas.

La membresía bíblica significa asumir responsabilidad. Proviene de nuestras obligaciones mutuas, según las vemos enfatizadas en todos los pasajes bíblicos que nos hablan de reciprocidad: amarse unos a otros, servir unos a otros, animarnos unos a otros. Todos estos mandatos deberían estar incluidos en el pacto de una iglesia sana.

Los miembros de una iglesia madurarán en el reconocimiento de sus responsabilidades mutuas cuanto más estimen el evangelio, entiendan que la conversión es una obra de Dios, y evangelicen enseñando a los interesados a considerar el costo. De este modo, menos cristianos considerarán sus iglesias como algo estilo «ven como te plazca» y «obtén lo que quieras»; una tienda más que visitar en el centro comercial o mercado cristianos. Más las verán como un cuerpo en el que todas las partes se preocupan por las otras; el hogar en el que viven.

Tristemente, no es extraño encontrar una gran diferencia entre el número de personas que oficialmente consta en la lista de membresía y el número que asiste regularmente. Imagínate una iglesia de tres mil miembros con solo seiscientos que asisten con regularidad. Me temo que muchos pastores evangélicos hoy pueden estar más orgullosos de su llamada membresía que preocupados por el gran número de miembros que no asiste. Según un estudio reciente, la iglesia bautista del sur típica tiene 233 miembros y solo 70 asisten el domingo por la mañana.

Y, ¿son nuestras ofrendas mejores? ¿Qué congregaciones tienen presupuestos que igualen —ya ni hablemos de que excedan— el diez por ciento de la renta anual combinada de sus miembros?

Hay limitaciones físicas que pueden impedir la asistencia y cargas económicas que imposibilitan el poder ofrendar. Pero, aparte de esto, uno se pregunta si las iglesias están haciendo ídolos de sus cifras. Los números pueden ser idolatrados tan fácilmente como las imágenes talladas; quizá con más facilidad. No obstante,

Dios evaluará nuestras vidas y juzgará nuestra labor, pienso, más que contar nuestros números.

LA MEMBRESÍA BÍBLICA SIGNIFICA AFIRMAR LA SALVACIÓN

¿Por qué hay tanto peligro con los miembros que no asisten y eluden responsabilidades? Los miembros que no se involucran confunden tanto a los miembros de verdad como a los que no son cristianos, en cuanto a lo que significa ser cristiano. Y los miembros activos no hacen ningún favor a los miembros inactivos cuando les permiten seguir siendo miembros de la iglesia, ya que la membresía es el respaldo colectivo de la iglesia con respecto a la salvación de una persona. ¿Entendiste eso? Al llamar a una persona miembro de tu iglesia, estás diciendo que ese individuo tiene el respaldo de tu iglesia para ser reconocido como cristiano.

Si una congregación no ha visto a un individuo durante meses, o incluso años, ¿cómo puede testificar que esa persona está corriendo fielmente la carrera? Si un individuo ha desaparecido y no se ha unido a otra iglesia que crea en la Biblia, ¿cómo sabemos si él o ella fueron jamás parte de nosotros (véase 1 Jn. 2:19)? No sabemos necesariamente que tales personas no involucradas no sean cristianas, simplemente no podemos afirmar que lo sean. No tenemos que decir a dicha persona, «Sabemos que vas a ir al infierno»; solo tenemos que decir, «Ya no podemos expresar nuestra confianza de que vayas a ir al cielo». Cuando una persona está perpetuamente ausente, el respaldo de una iglesia es, en el mejor de los casos, ingenuo; y deshonesto en el peor. Una iglesia que practica la membresía bíblica no requiere la perfección de parte de sus miembros; requiere humildad y honestidad. No les pide tomar decisiones huecas, sino un discipulado verdadero. No le quita importancia a las experiencias personales que uno pueda tener con Dios, pero tampoco supone demasiado de aquellos que aún no han sido perfeccionados. Esta es la razón por la que el Nuevo Testamento presenta un papel para la afirmación colectiva por parte de aquellos que están en un pacto con Dios y con los demás.

LA MEMBRESÍA BÍBLICA TIENE UN SIGNIFICADO

Espero ver que las estadísticas de membresía en las iglesias tengan cada vez más significado, para que los miembros de nombre se conviertan en miembros de hecho. De vez en cuando, esto significa quitar algunos nombres de la lista de membresía (aunque no de nuestros corazones). En la mayoría de casos, esto implica enseñar a los miembros nuevos lo que Dios quiere para la iglesia y recordar continuamente a los miembros actuales su compromiso con la vida de la iglesia. En mi propia iglesia, hacemos esto de diversas maneras, desde hacer clases de membresía hasta leer el pacto de iglesia en voz alta cada vez que tomamos la Cena del Señor.

Según nuestra iglesia ha ido creciendo en sanidad, el recuento de la asistencia los domingos por la mañana ha excedido el número de nombres escritos oficialmente en nuestras listas. Ciertamente este debería de ser tu deseo para tu iglesia también. No amaremos bien a nuestros viejos amigos si les permitimos mantener su membresía en nuestras congregaciones por razones sentimentales. Les amamos animándoles a unirse a otra iglesia donde puedan amar y ser amados semanalmente e incluso diariamente. En el pacto de mi iglesia, por tanto, prometemos: «Cuando nos vayamos de este lugar, nos uniremos tan pronto sea posible a otra iglesia donde podamos llevar a cabo el espíritu de este pacto y los principios de la Palabra de Dios». Este compromiso es parte de un discipulado sano, particularmente en nuestra época de temporalidad.

Una práctica renovada de una membresía de la iglesia cuidadosa tendrá muchos beneficios. Hará que el testimonio de nuestras iglesias hacia los inconversos sea más claro. Hará más difícil que las ovejas más débiles se extravíen del rebaño y se sigan considerando a sí mismas ovejas. Ayudará a dar forma y a enfocar mejor el discipulado de más cristianos maduros. Ayudará a los líderes de la iglesia a saber exactamente de quiénes son responsables. En todo esto, Dios será glorificado.

Ora para que la membresía de la iglesia llegue a significar más de lo que significa actualmente. De este modo, podremos saber mejor por quién orar y a quiénes animar y exhortar en la fe. La membresía de la iglesia implica estar involucrados en el cuerpo de Cristo de formas prácticas. Significa viajar juntos como extranjeros y advenedizos en este mundo, según nos vamos dirigiendo hacia nuestro hogar celestial. Ciertamente, otra marca de una iglesia sana es un entendimiento bíblico de la membresía de la iglesia.

SEMANA 1
LA NECESIDAD DE LA MEMBRESÍA

PARA EMPEZAR

1. *¿Piensas que es importante que los cristianos sean miembros de iglesias locales? ¿Por qué sí o por qué no?*

LA IDEA PRINCIPAL

Los cristianos necesitan ser miembros de una iglesia local para que, mediante la rendición de cuentas de una iglesia y la exhortación, seamos protegidos de los efectos engañadores y endurecedores del pecado.

PROFUNDIZANDO

Antes de que examinemos un pasaje de la Escritura que nos muestra nuestra necesidad de la membresía de la iglesia, aclaremos qué queremos decir exactamente con «membresía de la iglesia».

La necesidad de la membresía

A continuación tenemos la definición que Jonathan Leeman da de la membresía de la iglesia en su libro *The Church and the Surprising Offense of God's Love*:

> La membresía de la iglesia es (1) un pacto de unión entre una iglesia en particular y un cristiano, un pacto que consiste en (2) la afirmación de la iglesia de la profesión del evangelio del cristiano, (3) la promesa de la iglesia de dar supervisión al cristiano, y (4) la promesa del cristiano de reunirse con la iglesia y someterse a su supervisión.[1]

Desarrollemos un poco más estos cuatro elementos:

1. **La membresía de la iglesia es un pacto.** Es decir, es un acuerdo solemne entre un cristiano y una iglesia local. En este pacto:
2. **La iglesia afirma la profesión de fe en Cristo del cristiano.** Es decir, al extender la membresía de la iglesia a un individuo, la iglesia está diciendo, «Hasta donde podemos observar, eres cristiano. Ponemos nuestro sello de aprobación sobre tu afirmación de que sigues a Cristo».
3. **La iglesia promete supervisar el discipulado del cristiano.** Esto viene a través de la enseñanza, la predicación, la supervisión de los ancianos, y la mutua edificación en la que todos los miembros de la iglesia deben involucrarse (véase Ef. 4:11-16).

4. El cristiano promete reunirse regularmente con la iglesia y someterse a ella. Al comprometerse con una iglesia a través de la membresía, un cristiano individual promete reunirse regularmente con esta iglesia y someterse a su autoridad y enseñanza.

1. *Antes de que pasemos al pasaje para este estudio, reflexionemos un poco sobre esta comprensión de la membresía de la iglesia:*

a) ¿En qué difiere esta definición de lo que tú has pensado o experimentado en cuanto a la membresía de la iglesia?

b) Este entendimiento de la membresía de la iglesia, ¿hace a la membresía más o menos atractiva para ti? ¿Por qué?

La necesidad de la membresía

Con este fundamento establecido, busquemos Hebreos 3. El libro de Hebreos es una «palabra de exhortación» (He. 13:22) dirigida a cristianos profesantes que están en peligro de renunciar a su fe bajo una presión incesante de persecución. En Hebreos capítulo 3, el autor advierte específicamente a sus lectores, para que no se endurezcan por el engaño del pecado:

[7] Por lo cual, como dice el Espíritu Santo:

Si oyereis hoy su voz,

[8] No endurezcáis vuestros corazones,

Como en la provocación, en el día de la tentación en el desierto,

[9] Donde me tentaron vuestros padres; me probaron,

Y vieron mis obras cuarenta años.

[10] A causa de lo cual me disgusté contra esa generación,

Y dije: Siempre andan vagando en su corazón,

Y no han conocido mis caminos.

[11] Por tanto, juré en mi ira:

No entrarán en mi reposo.

[12] Mirad, hermanos, que no haya en ninguno de vosotros corazón malo de incredulidad para apartarse del Dios vivo;

[13] antes exhortaos los unos a los otros cada día, entre tanto que se dice: Hoy; para que ninguno de vosotros se endurezca por el engaño del pecado.

[14] Porque somos hechos participantes de Cristo, con tal que retengamos firme hasta el fin nuestra confianza del principio. (He. 3:7-14)

Nota: Después de la observación introductoria, «Por lo cual, como dice el Espíritu Santo,» los versículos 7 al 11 son una cita extendida del Salmo 95, el cual hace referencia a incidentes previos registrados en Éxodo 17 y Números 14.

2. *¿Qué nos exhorta el Espíritu Santo a no hacer (vv. 7-8)? ¿Qué significa esto?*

3. *¿Qué ejemplo negativo nos presenta el autor? Léase Éxodo 17:1-7 para el trasfondo.*

4. ¿Qué les ocurrió a los israelitas que endurecieron sus corazones y desobedecieron a Dios (vv. 10-11)?

5. *Según el autor de Hebreos, ¿qué debemos evitar que nos suceda (vv. 12-13)?*

6. *¿Qué nos dice este pasaje que hagamos para asegurarnos de que no neguemos al Dios vivo (v. 13)?*

7. *Da algunos ejemplos prácticos diarios de cómo exhortas a otros miembros de la iglesia de una forma frecuente. Si no puedes pensar en ninguno, ¿de qué modo práctico podrías empezar a ayudar a otros a crecer en piedad y no ser endurecidos por el engaño del pecado?*

8. *En el versículo 13, el autor nos advierte en cuanto a no ser endurecidos por el engaño del pecado. ¿Qué nos enseña esto acerca del pecado?*

9. *¿Piensas en el pecado como algo activo, peligroso, y amenazante, o meramente como algo que causa un pequeño resbalón ocasional aquí y allá? ¿Cómo debería la enseñanza de este pasaje sobre la naturaleza del pecado moldear nuestras vidas como cristianos?*

10. *¿De qué forma es alguien que no es miembro de una iglesia especialmente susceptible a ser endurecido por el engaño del pecado?*

11. *¿Cómo sabemos que somos hechos participantes de Cristo (v. 14)? ¿Qué efecto debería tener esto en la forma en que vivimos como cristianos?*

12. *A la luz de este pasaje, ¿cómo responderías a alguien que dijese, «No necesito unirme a una iglesia. Puedo crecer bien como cristiano yendo a la iglesia cuando quiera, y donde quiera»?*

SEMANA 2
EL MANDATO DE LA MEMBRESÍA

PARA EMPEZAR

1. *¿Eres miembro de una iglesia? ¿Por qué sí o por qué no?*

Una razón por la que algunas personas no se unen a una iglesia es porque piensan que la membresía de la iglesia no se encuentra en el Nuevo Testamento. Y algunas iglesias no tienen una membresía formal porque no lo ven en el Nuevo Testamento.

Esta es, entonces, la pregunta del millón. Podemos decir todo lo que queramos acerca de los beneficios de la membresía de la iglesia, o sobre nuestra necesidad de la membresía de la iglesia, pero solo podemos decir que los cristianos deben ser miembros de iglesias locales si eso es lo que la Escritura enseña.

Así que en esta lección vamos a considerar la pregunta, «¿Es bíblica la membresía de la iglesia?».

LA IDEA PRINCIPAL

¿Es bíblica la membresía de la iglesia? ¡Sí!

Encontramos la membresía de la iglesia en varios pasajes del Nuevo Testamento, los cuales enseñan que:

* Se puede estar «dentro» o «fuera» de una iglesia.

* Se espera que los miembros de la iglesia sepan quiénes pertenecen a la iglesia y quiénes no.

* Los cristianos están bajo la autoridad de la iglesia, de tal forma que si persisten en un pecado no arrepentido, deben ser excluidos de la misma.

* Se exhorta a los cristianos a que se sometan a sus líderes, lo cual significa renunciar a nuestra autonomía y ponernos bajo la autoridad de la iglesia.

* Los líderes darán cuentas de aquellos que les han sido encomendados, lo cual significa que tienen que saber quiénes son esas personas.

PROFUNDIZANDO

En este estudio, será importante tener en mente nuestra definición de la membresía de la iglesia, tratada en nuestro estudio anterior:

> La membresía de la iglesia es un pacto (es decir, un acuerdo formal) entre una iglesia local y un cristiano, en el cual la iglesia

afirma la profesión de fe del cristiano y promete supervisar el discipulado del cristiano, y el cristiano promete reunirse con la iglesia y someterse a ella.

De esta forma, cuando decimos, «La membresía de la iglesia es bíblica», no estamos diciendo que encontremos una copia exacta de las prácticas de membresía de iglesia (que puede incluir una clase de membresía, una entrevista, y cosas parecidas) en el Nuevo Testamento. Más bien, el Nuevo Testamento enseña claramente que las iglesias han de tener este tipo de pertenencia formal y que todos los cristianos deben de comprometerse con una iglesia local de esta forma.

1. Basados en esta definición de la membresía de la iglesia, ¿qué poder tiene una iglesia? Es decir, ¿hasta dónde puede llegar para asegurar que los miembros se sometan a la iglesia? ¿Qué consecuencias puede imponer?

¿ENSEÑA EL NUEVO TESTAMENTO LA MEMBRE-SÍA DE LA IGLESIA?

Mucha gente afirma que el Nuevo Testamento no enseña la membresía de la iglesia. Así que, vamos a poner a prueba esta afirmación viendo cómo encaja con unos pocos pasajes del Nuevo Testamento.

El mandato de la membresía

Primero, consideremos 1 Corintios 5, un pasaje que es muy importante para nuestro entendimiento y práctica de la disciplina en la iglesia. Pablo escribe,

[1] De cierto se oye que hay entre vosotros fornicación, y tal fornicación cual ni aun se nombra entre los gentiles; tanto que alguno tiene la mujer de su padre. [2] Y vosotros estáis envanecidos. ¿No debierais más bien haberos lamentado, para que fuese quitado de en medio de vosotros el que cometió tal acción? [3] Ciertamente yo, como ausente en cuerpo, pero presente en espíritu, ya como presente he juzgado al que tal cosa ha hecho. [4] En el nombre de nuestro Señor Jesucristo, reunidos vosotros y mi espíritu, con el poder de nuestro Señor Jesucristo, [5] el tal sea entregado a Satanás para destrucción de la carne, a fin de que el espíritu sea salvo en el día del Señor Jesús. (1 Co. 5:1-5)

Entonces, después de exhortar a los corintios a que traten este pecado, de modo que no se extendiese por toda la iglesia (vv. 6-8), Pablo escribe,

[9] Os he escrito por carta, que no os juntéis con los fornicarios; [10] no absolutamente con los fornicarios de este mundo, o con los avaros, o con los ladrones, o con los idólatras; pues en tal caso os sería necesario salir del mundo. [11] Más bien os escribí

que no os juntéis con ninguno que, llamándose hermano, fuere fornicario, o avaro, o idólatra, o maldiciente, o borracho, o ladrón; con el tal ni aun comáis. [12] Porque ¿qué razón tendría yo para juzgar a los que están fuera? ¿No juzgáis vosotros a los que están dentro? [13] Porque a los que están fuera, Dios juzgará. Quitad, pues, a ese perverso de entre vosotros. (1 Co. 5:9-13)

2. *Si la iglesia de Corinto no practicaba la membresía de la iglesia, ¿podía excluir a alguien de su comunión, como Pablo instruye (vv. 4-5, 11-13; véase también Mt. 18:15-20)? Ten en cuenta que Pablo supone que gente de afuera estará presente en las reuniones de la iglesia (1 Co. 14:23-25).*

3. *Observa que Pablo da instrucciones muy diferentes acerca de cómo los corintios debían tratar a aquellos que están dentro de la iglesia y aquellos que están fuera (vv. 9-13). Si la iglesia de Corinto no practicaba la membresía de la iglesia, ¿cómo podrían haber sabido quiénes estaban «dentro» y quiénes estaban «fuera» de la iglesia?*

4. *¿Qué opinas? ¿Practicaba la iglesia en Corinto la membresía de la iglesia? ¿Por qué sí o por qué no?*

5. *Basándote en este pasaje, ¿piensas que las iglesias deberían tener una membresía hoy en día? ¿Por qué sí o por qué no?*

Consideremos otro pasaje. En Hebreos 13:17, el autor nos da una enseñanza muy importante acerca de cómo los cristianos deben de relacionarse con los líderes de sus iglesias. Él escribe,

[17] Obedeced a vuestros pastores, y sujetaos a ellos; porque ellos velan por vuestras almas, como quienes han de dar cuenta; para que lo hagan con alegría, y no quejándose, porque esto no os es provechoso.

6. *Según el autor, ¿a quiénes deben someterse los cristianos? ¿Significa esto que todos los cristianos deben someterse a todos los líderes de las iglesias en todas partes?*

7. *Imagina una situación en la que un anciano de una iglesia local está predicando fielmente la Palabra de Dios, y confronta un pecado en tu vida que tú no quieres tratar. ¿Cómo sería diferente esta situación para ti en el caso de ser miembro de la iglesia en comparación a alguien que no es miembro?*

8. ¿Cómo resumirías la relación entre *la membresía y la sumisión a los líderes de la iglesia? ¿Puedes verdaderamente someterte a los líderes de la iglesia sin unirte a la iglesia?*

9. *Consideremos la cuestión desde otro ángulo: ¿Por quién han de dar cuentas los líderes de la iglesia? ¿Cómo se supone que los líderes pueden saber por quiénes tendrán que dar cuentas?*

Tal y como hemos visto en estos dos pasajes, hay mucha evidencia en el Nuevo Testamento para la práctica de la membresía de la iglesia. Vemos la membresía de la iglesia en el Nuevo Testamento ya que:

• Se puede estar «dentro» o «fuera» de una iglesia (1 Co. 5:12).
• Se espera que los miembros de la iglesia sepan quiénes pertenecen a la iglesia y quiénes no (1 Co. 5:9-12).
• Los cristianos están bajo la autoridad de la iglesia, de tal forma que si persisten en un pecado no arrepentido, deben ser excluidos de la misma (1 Co. 5:4-5, 13).
• Se exhorta a los cristianos a que se sometan a sus líderes, lo cual significa renunciar a nuestra autonomía y ponernos bajo la autoridad de la iglesia (He. 13:17).
• Los líderes darán cuentas de aquellos que les han sido encomendados, lo cual significa que ¡tienen que saber quiénes son esas personas! (He. 13:17)

10. *Considerando toda esta evidencia bíblica en su conjunto, ¿dirías que las iglesias locales tienen la obligación de practicar la membresía de la iglesia? ¿Por qué sí o por qué no?*

11. *En la misma línea, ¿dirías que cada cristiano esta bíblicamente obligado a unirse a una iglesia local? ¿Por qué sí o por qué no?*

12. *Hay iglesias que practican la membresía de la iglesia y otras que no. ¿Cómo afectará esto a...*

a) los intentos de una iglesia para practicar la disciplina en la iglesia?

b) la capacidad de la iglesia para mantener a las personas responsables a la hora de rendir cuentas, para que vivan vidas santas?

c) las relaciones de los líderes con aquellos que están en la iglesia?

d) el nivel de confianza y la profundidad de la comunión que se desarrollará en la iglesia?

SEMANA 3
EL OBJETIVO DE LA MEMBRESÍA

PARA EMPEZAR

Mucha gente piensa en la membresía de la iglesia como un mero acto de poner tu nombre en una lista. Si eso es todo lo que es, no es sorprendente que se sientan indiferentes hacia este asunto. Pero basados en nuestro estudio hasta el momento, deberíamos estar desarrollando una imagen de la membresía de la iglesia en nuestras mentes que es mucho más que tener tu nombre en una lista.

1. *En tu opinión, ¿de qué formas debería impactar la membresía de la iglesia en tu vida como cristiano?*

LA IDEA PRINCIPAL

El objetivo de la membresía de la iglesia es que cada uno de los miembros ayude a toda la iglesia a crecer en madurez en Cristo.

PROFUNDIZANDO

En Efesios 4, Pablo nos exhorta a vivir en unidad en la iglesia a la luz de la unidad que tenemos en Cristo (vv. 1-6). Entonces, después de explicar cómo Cristo conquistó a la muerte y dio dones a su iglesia (vv. 7-10), el apóstol nombra específicamente algunos de esos dones y habla del propósito para el cual Cristo los dio:

> [11] Y él mismo constituyó a unos, apóstoles; a otros, profetas; a otros, evangelistas; a otros, pastores y maestros, [12] a fin de perfeccionar a los santos para la obra del ministerio, para la edificación del cuerpo de Cristo, [13] hasta que todos lleguemos a la unidad de la fe y del conocimiento del Hijo de Dios, a un varón perfecto, a la medida de la estatura de la plenitud de Cristo; [14] para que ya no seamos niños fluctuantes, llevados por doquiera de todo viento de doctrina, por estratagema de hombres que para engañar emplean con astucia las artimañas del error, [15] sino que siguiendo la verdad en amor, crezcamos en todo en aquel que es la cabeza, esto es, Cristo, [16] de quien todo el cuerpo, bien concertado y unido entre sí por todas las coyunturas que se ayudan mutuamente, según la actividad propia de cada miembro, recibe su crecimiento para ir edificándose en amor. (Ef. 4:11-16)

1. *¿Cuáles son los dones que Cristo ha dado a la iglesia (v. 11)?*

2. *¿Con qué propósito dio Cristo estos dones a la iglesia (v. 12)?*

3. *Según este pasaje, ¿quién es el que hace la obra del ministerio (v. 12)? ¿Cómo se diferencia esto a la forma en que solemos pensar acerca del «ministerio» en la iglesia?*

4. *¿Cuál es el objetivo del crecimiento de la iglesia (v. 13)? ¿Qué nos enseña esto acerca de cómo deberíamos —o no deberíamos— evaluar nuestra iglesia?*

5. *¿Qué amenaza para la iglesia tiene Pablo en mente en el verso 14?*

6. *¿Qué dice Pablo que ocurrirá una vez que todos lleguemos a la madurez (v. 14)?*

7. *Si la madurez significa que todos estamos unidos en la verdad y que somos capaces de resistir la enseñanza falsa con éxito, ¿de qué formas prácticas puedes ayudar a otros a crecer hacia este objetivo?*

8. *¿Mediante qué medios crece la iglesia hasta la madurez (vv. 15-16)?*

9. *En la práctica,* ¿en qué consiste que *cada miembro siga «la verdad en amor»? ¿Dónde tienen lugar estas conversaciones?*

10. ¿Qué porcentaje del cuerpo *debe de contribuir para que el mismo crezca adecuadamente (v. 16)?*

11. ¿De qué maneras la *práctica bíblica de la membresía de la iglesia ayuda a contribuir a la clase de crecimiento que describe este pasaje?*

12. ¿Cómo sería obstaculizado *el crecimiento de una iglesia si no se practicase la membresía?*

13. ¿Cómo crees *que tu contribución al crecimiento de la iglesia sería afectada si no fueras un miembro de la iglesia a la que asistes regularmente?*

14. *A la luz de esta imagen, de cada miembro contribuyendo al crecimiento del cuerpo:*
  a) ¿Cómo describirías el objetivo de la membresía de la iglesia?

  b) ¿Qué pasos concretos podrías dar para ayudar a que tu iglesia crezca hacia la madurez en Cristo?

LOS DESAFÍOS DE LA MEMBRESÍA

PARA EMPEZAR

1. *¿Qué cosas comúnmente causan roces y divisiones entre cristianos?*

2. *¿Por qué estas cosas tienden a separar a los cristianos? ¿Qué se necesita para volver a unirlos?*

LA IDEA PRINCIPAL

Cada miembro de la iglesia es llamado a superar las divisiones y buscar la unidad en la iglesia para reflejar la unión de la iglesia con Cristo.

PROFUNDIZANDO

En 1 Corintios 1:10-17, después de animar a los corintios basado en las evidencias de la gracia de Dios que vio en ellos, Pablo empieza a tratar un asunto de máxima importancia en la iglesia de Corinto:

[10] Os ruego, pues, hermanos, por el nombre de nuestro Señor Jesucristo, que habléis todos una misma cosa, y que no haya entre vosotros divisiones, sino que estéis perfectamente unidos en una misma mente y en un mismo parecer. [11] Porque he sido informado acerca de vosotros, hermanos míos, por los de Cloé, que hay entre vosotros contiendas. [12] Quiero decir, que cada uno de vosotros dice: Yo soy de Pablo; y yo de Apolos; y yo de Cefas; y yo de Cristo. [13] ¿Acaso está dividido Cristo? ¿Fue crucificado Pablo por vosotros? ¿O fuisteis bautizados en el nombre de Pablo? [14] Doy gracias a Dios de que a ninguno de vosotros he bautizado, sino a Crispo y a Gayo, [15] para que ninguno diga que fuisteis bautizados en mi nombre. [16] También bauticé a la familia de Estéfanas; de los demás, no sé si he bautizado a algún otro. [17] Pues no me envió Cristo a bautizar, sino a predicar el evangelio; no con sabiduría de palabras, para que no se haga vana la cruz de Cristo. (1 Co. 1:10-17)

1. *¿Qué ruega Pablo a los corintios (v. 10)?*

2. *¿De cuántas maneras expresa este ruego (v. 10)? ¿Qué nos dice esto sobre cuán importante era para Pablo este asunto de las divisiones en la iglesia?*

3. *¿De qué se le informó a Pablo acerca de la iglesia de Corinto (v. 11)? ¿Qué ejemplos específicos da Pablo de esto (v. 12)?*

4. *¿Qué actitudes expresan las afirmaciones «yo soy de Pablo» o «yo soy de Apolos»? ¿Qué hay de malo en esta actitud hacia los líderes cristianos? (Pista: Véase el versículo 17 para observar una razón por la que los corintios podrían identificarse más con algunos líderes que con otros.)*

5. *¿Cuál es la primera respuesta de Pablo a estas divisiones en la iglesia (v. 13)?*

6. *¿Por qué pregunta Pablo, «¿Acaso está dividido Cristo?». ¿Qué nos enseña esto con respecto a la naturaleza de la iglesia y por qué la unidad en la iglesia es tan importante? (Pista: Véase también 1 Corintios 12, especialmente los versículos 12 y 13.)*

Así como Pablo insiste en que la iglesia debe estar unidad porque es el cuerpo de Cristo, y Cristo no está dividido, también recuerda a los corintios que no fue *Pablo* quien fue crucificado por ellos, y que no fueron bautizados en el nombre de Pablo (vv. 13-15). Más bien, *Cristo* fue crucificado por ellos, y fueron bautizados en *su* nombre. Le pertenecían a él, fueron salvos por él, eran un cuerpo en él, por lo que debían vivir una vida que expresase esa unidad.

7. *Los corintios —de manera errónea— se estaban aferrando a un líder cristiano u otro a expensas de la unidad de la iglesia. ¿De qué maneras correctas deberíamos relacionarnos con los líderes en la iglesia? (Véase Fil. 1:15-18; 1 Ts. 5:12-13; He. 13:7,17; 3 Jn. 5-8)*

8. *¿Cómo estas maneras bíblicas de relacionarse con los líderes de la iglesia local ayudan a edificar la unidad de la iglesia?*

52

9. *¿Qué fuentes de división en la iglesia has experimentado? ¿Cómo piensas que respondería el apóstol Pablo a cada una de estas divisiones?*

10. *¿De qué maneras puedes buscar la edificación de la unidad en tu iglesia local? Da ejemplos específicos.*

11. *Piensa en las divisiones que tratamos en la pregunta 9. ¿Cómo ayuda la membresía de la iglesia a fomentar la unidad a la luz de estos desafíos?*

LA NATURALEZA DE LA MEMBRESÍA

PARA EMPEZAR

1. *¿Has estado alguna vez en una situación en la que querías ser incluido pero no eras necesario? ¿Cómo te sentiste?*

2. *¿De qué maneras dependes de otros en la vida cotidiana?*

LA IDEA PRINCIPAL

Los miembros de una iglesia local son *interdependientes*. Todos nos necesitamos unos a otros. Nadie debería decir que la iglesia no le necesita, y nadie *puede* decir que no necesita a otros miembros de la iglesia.

PROFUNDIZANDO

Algunas veces la gente considera la membresía de la iglesia como si fuese una mera formalidad: marcas la casilla, pones tu nombre en una lista, y sigues adelante. Pero el Nuevo Testamento enseña que, como miembros de la misma iglesia, somos miembros de un cuerpo, y dependemos los unos de los otros tanto como un pie depende de un ojo.

En 1 Corintios 12, Pablo comienza su discusión acerca de los dones espirituales, los cuales los corintios habían estado usando de forma egoísta y para su propio beneficio. En los versículos introductorios del capítulo, Pablo les recuerda que todos esos dones diversos fueron dados por el mismo Espíritu y para el bien común (vv. 1-11). Después, en los versículos 12-27 Pablo escribe,

[12] Porque así como el cuerpo es uno, y tiene muchos miembros, pero todos los miembros del cuerpo, siendo muchos, son un solo cuerpo, así también Cristo. [13] Porque por un solo Espíritu fuimos todos bautizados en un cuerpo, sean judíos o griegos, sean esclavos o libres; y a todos se nos dio a beber de un mismo Espíritu. [14] Además, el cuerpo no es un solo miembro, sino muchos. [15] Si dijere el pie: Porque no soy mano, no soy del cuerpo, ¿por eso no será del cuerpo? [16] Y si dijere la oreja: Porque no soy ojo, no soy del cuerpo, ¿por eso no será del cuerpo? [17] Si todo el cuerpo fuese ojo, ¿dónde estaría el oído? Si todo fuese oído, ¿dónde

55

estaría el olfato? [18] Mas ahora Dios ha colocado los miembros cada uno de ellos en el cuerpo, como él quiso. [19] Porque si todos fueran un solo miembro, ¿dónde estaría el cuerpo? [20] Pero ahora son muchos los miembros, pero el cuerpo es uno solo. [21] Ni el ojo puede decir a la mano: No te necesito, ni tampoco la cabeza a los pies: No tengo necesidad de vosotros. [22] Antes bien los miembros del cuerpo que parecen más débiles, son los más necesarios; [23] y a aquellos del cuerpo que nos parecen menos dignos, a éstos vestimos más dignamente; y los que en nosotros son menos decorosos, se tratan con más decoro. [24] Porque los que en nosotros son más decorosos, no tienen necesidad; pero Dios ordenó el cuerpo, dando más abundante honor al que le faltaba, [25] para que no haya desavenencia en el cuerpo, sino que los miembros todos se preocupen los unos por los otros. [26] De manera que si un miembro padece, todos los miembros se duelen con él, y si un miembro recibe honra, todos los miembros con él se gozan. [27] Vosotros, pues, sois el cuerpo de Cristo, y miembros cada uno en particular. (1 Co 12:12-27)

1. *¿Qué metáfora usa Pablo para describir a la iglesia en este pasaje?*

La naturaleza de la membresía

2. ¿Qué dice Pablo que es cierto acerca de cada uno de nosotros que somos cristianos (v. 13)?

3. ¿Qué dice Pablo que no es cierto con respecto al cuerpo (v. 14)? ¿Qué significa esto para la iglesia?

4. ¿Qué dicen el «pie» y el «oído» en los versículos 15 y 16? ¿Qué sentimiento o actitud expresa esto?

5. ¿Cuáles son los dos argumentos principales en la respuesta de Pablo a lo que dicen el «pie» y el «oído» (vv. 17-20)?

6. *¿Te sientes tentado en ocasiones a pensar que la iglesia no te necesita? ¿O has hablado alguna vez con alguien que piensa que la iglesia no le necesita? ¿Cómo aplicarías la enseñanza de Pablo aquí para aquel que se encuentra en esta lucha?*

7. *En este pasaje, Pablo enseña que el cuerpo necesita a cada miembro para estar sano (véase la enseñanza en Efesios 4:15-16). ¿De qué maneras concretas puedes usar los dones que Dios te ha dado para la edificación de tu iglesia?*

8. *¿Qué dicen el «ojo» y la «cabeza» en el versículo 21? ¿Qué actitud expresa esto?*

La naturaleza de la membresía

9. *¿Cuáles son los dos argumentos principales en la respuesta de Pablo a lo que dicen el «ojo» y la «cabeza» en el versículo 21 (vv. 22-25)?*

10. *¿Cuáles son los dos objetivos por los que Dios ha dispuesto a los miembros del cuerpo según Pablo menciona en el versículo 25? ¿Qué ejemplo da en el versículo 26 para ilustrar estas cosas?*

11. *¿Puedes dar algún ejemplo alentador en el que hayas observado a un miembro de tu iglesia llorar con otro miembro que estaba sufriendo? ¿O gozándose con alguien que estaba siendo honrado?*

12. *¿Te has sentido tentado alguna vez a pensar que no necesitas a la iglesia; o al menos que no necesitas a ciertos miembros de la iglesia? ¿Cómo confronta la enseñanza de Pablo en este pasaje a este tipo de actitud?*

13. *Podríamos resumir la enseñanza de este pasaje diciendo que, como cristianos y miembros de iglesias locales, deberíamos pensar menos en nosotros como individuos independientes y más como miembros de un cuerpo. ¿De qué formas debería impactar tu interdependencia con otros miembros de la iglesia en...*

a) con quién hablas en la iglesia el domingo por la mañana?

b) cómo te relacionas con los miembros de la iglesia que tienen diferentes trasfondos étnicos?

c) cómo te relacionas con miembros de la iglesia mayores o menores que tú?

d) ¿Puedes pensar en otras maneras de aplicar la enseñanza de este pasaje?

LOS DEBERES DE LA MEMBRESÍA

PARA EMPEZAR

«Deber» suena como una mala palabra hoy en día, o al menos es una palabra que no agrada. Y es cierto que algunos deberes no son agradables, son frustrantes, o parecen carecer de sentido.

1. *¿Qué deberes preferirías no tener?*

2. *¿Qué deberes traen bendición y gozo?*

LA IDEA PRINCIPAL

Como miembros de la iglesia, tenemos el deber de imitar y someternos a nuestros líderes, congregarnos de forma regular con la iglesia, y amar y servir a nuestros hermanos miembros. Todos estos deberes son medios por los que crecemos en piedad y ayudamos a otros a crecer.

PROFUNDIZANDO

En generaciones anteriores, los cristianos solían hacer listas de sus deberes como miembros de la iglesia, tanto hacia sus líderes como hacia los demás.

Eso es lo que vamos a hacer en este estudio. No podemos considerar todo lo que el Nuevo Testamento enseña acerca de nuestros deberes como miembros de la iglesia, pero podemos cubrir algunos de los puntos principales. Vamos a ver tres pasajes importantes en este estudio. Para empezar, leámoslos en voz alta.

Hebreos 13:7, 17: [7] Acordaos de vuestros pastores, que os hablaron la palabra de Dios; considerad cuál haya sido el resultado de su conducta, e imitad su fe... [17] Obedeced a vuestros pastores, y sujetaos a ellos; porque ellos velan por vuestras almas, como quienes han de dar cuenta; para que lo hagan con alegría, y no quejándose, porque esto no os es provechoso.

Hebreos 10:24-25: [24] Y considerémonos unos a otros para estimularnos al amor y a las buenas obras; [25] no dejando de congregarnos, como algunos tienen por costumbre, sino exhortándonos; y tanto más, cuanto veis que aquel día se acerca.

Romanos 12:3-18: [3] Digo, pues, por la gracia que me es dada, a cada cual que está entre vosotros, que no tenga más alto concepto de sí que el que debe tener, sino que piense de sí con cordura, conforme a la medida de fe que Dios repartió a cada uno. [4] Porque de la manera que en un cuerpo tenemos muchos miembros, pero no todos los miembros tienen la misma función, [5] así nosotros, siendo muchos, somos un cuerpo en Cristo, y todos miembros los unos de los otros. [6] De manera que, teniendo diferentes dones, según la gracia que nos es dada, si el de profecía, úsese conforme a la medida de la fe; [7] o si de servicio, en servir; o el que enseña, en la enseñanza; [8] el que exhorta, en la exhortación; el que reparte, con liberalidad; el que preside, con solicitud; el que hace misericordia, con alegría. [9] El amor sea sin fingimiento. Aborreced lo malo, seguid lo bueno. [10] Amaos los unos a los otros con amor fraternal; en cuanto a honra, prefiriéndoos los unos a los otros. [11] En lo que requiere diligencia, no perezosos; fervientes en espíritu, sirviendo al Señor; [12] gozosos en la esperanza; sufridos en la tribulación;

64

Los deberes de la membresía

constantes en la oración; [13] compartiendo para las necesidades de los santos; practicando la hospitalidad. [14] Bendecid a los que os persiguen; bendecid, y no maldigáis. [15] Gozaos con los que se gozan; llorad con los que lloran. [16] Unánimes entre vosotros; no altivos, sino asociándoos con los humildes. No seáis sabios en vuestra propia opinión. [17] No paguéis a nadie mal por mal; procurad lo bueno delante de todos los hombres. [18] Si es posible, en cuanto dependa de vosotros, estad en paz con todos los hombres.

DEBER (VERSÍCULO N°)	¿HACIA LOS LÍDERES, OTROS MIEMBROS, O DIOS?	RAZÓN/ MOTIVACIÓN

COMPROMETIÉNDONOS UNOS CON OTROS: LA MEMBRESÍA DE LA IGLESIA

DEBER (VERSÍCULO N°)	¿HACIA LOS LÍDERES, OTROS MIEMBROS, O DIOS?	RAZÓN/ MOTIVACIÓN

Los deberes de la membresía

Lista de deberes

Primero, repasa los pasajes y rellena *solo* la columna de la izquierda de esta tabla, enumerando todos los deberes que estos pasajes nos muestran como miembros de la iglesia. (Algunos de estos mandatos aplican a cómo nos relacionamos con los que no son cristianos. Siéntete libre de omitir estos ya que en este estudio estamos enfocando en la vida dentro de la iglesia.)

1. *¿Te sorprendió algo en esta lista?*

¿Deberes hacia quién?

Vuelve a repasar la lista y escribe si cada uno de estos deberes es hacia los líderes de la iglesia, hacia otros miembros de la iglesia, o hacia Dios mismo.

2. *¿Te ha sorprendido cuánto habla el Nuevo Testamento de nuestros deberes hacia nuestros hermanos miembros de la iglesia? ¿Por qué sí o por qué no?*

Encuentra la motivación

Finalmente, lee solo los pasajes de Hebreos y enumera las motivaciones que el autor da para estos deberes. Según él, ¿por qué razones deberíamos hacer estas cosas?

Si quieres profundizar en este estudio después de esta lección, puedes repasar el resto de los deberes que has enumerado y considera las motivaciones bíblicas que nos llevan a cumplirlos. Piensa especialmente en cómo lo que Jesús ha hecho por nosotros en su muerte y resurrección nos motiva a amar y a servir a nuestros hermanos cristianos.

3. *¿Qué razones especificaste para cada uno de los deberes que menciona Hebreos? ¿Encuentras algo interesante o sorprendente acerca de los mismos?*

Los deberes de la membresía

Siendo específicos

Habiendo considerado toda esta lista de deberes unas cuantas veces, veamos más detenidamente algunos aspectos en particular:

4. *¿Cómo imitas ya la forma de vida de los líderes de tu iglesia (He. 13:7)? ¿De qué maneras puedes crecer en tu forma de imitarles?*

5. *¿Cómo se manifiesta en la vida real el sometimiento y la obediencia a los líderes de tu iglesia (He. 13:17)? Da algunos ejemplos concretos.*

6. *¿Significa el mandato de someternos y obedecer a los líderes de la iglesia que nos pueden mandar hacer cualquier cosa que quieran? ¿Por qué sí o por qué no?*

7. *¿Has considerado alguna vez que la asistencia a la iglesia es un deber hacia tus otros hermanos miembros de la iglesia (He. 10:24-25)? ¿Por qué es esto así? ¿Cómo debería esto impactar en lo que haces el domingo por la mañana?*

8. *¿Por qué es importante que, como miembros de la iglesia, no tengamos más alto concepto de nosotros mismos que el que debemos tener? ¿Qué ocurrirá si tenemos un concepto de nosotros mismos más alto que del que debemos tener?*

9. *¿Qué piensas que es más difícil: llorar con los que lloran, o gozarse con los que se gozan (Ro. 12:15)? ¿Por qué?*

10. *Escoge uno de los deberes que vemos en estos pasajes y comprométete a trabajar en ello con oración en las próximas semanas. ¿Qué pasos puedes dar para poner en práctica estas cosas?*

LA GLORIA DE LA MEMBRESÍA

PARA EMPEZAR

Muchos cristianos piensan en la membresía de la iglesia como algo deprimente y aburrido. La palabra membresía les hace pensar en largas reuniones administrativas, trabajar con los niños de la iglesia, sentarse en la iglesia semana tras semana, y otras actividades típicas en la vida de la iglesia. Y todo esto suena más como rituales sin sentido que como profundas experiencias espirituales.

1. *¿Qué aspectos de la membresía de la iglesia pueden hacerte sentir aburrido?*

2. *¿Cómo encuentras motivación para mantenerte en fiel servicio a tu iglesia local?*

LA IDEA PRINCIPAL

La membresía de la iglesia —y la actividad que conlleva de congregarse regularmente con la iglesia— debería ofrecer un anticipo de la gloria del cielo.

PROFUNDIZANDO

El libro de Hebreos contiene un largo y detallado análisis de cómo la muerte y resurrección de Jesús dan cumplimiento y, por tanto, anulan el antiguo pacto que Dios hizo con Israel a través de Moisés. Hacia el final del libro, el autor presenta un vívido contraste que manifiesta la diferencia práctica entre el antiguo pacto y el nuevo pacto:

[18] Porque no os habéis acercado al monte que se podía palpar, y que ardía en fuego, a la oscuridad, a las tinieblas y a la tempestad, [19] al sonido de la trompeta, y a la voz que hablaba, la cual los que la oyeron rogaron que no se les hablase más, [20] porque no podían soportar lo que se ordenaba: Si aun una bestia tocare el monte, será apedreada, o pasada con dardo; [21] y tan terrible era lo que se veía, que Moisés dijo: Estoy espantado y temblando; [22] sino que os habéis acercado al monte de Sion, a la ciudad del Dios vivo, Jerusalén la celestial, a la compañía de muchos millares de ángeles, [23] a la congregación de los primogénitos que están inscritos en los cielos, a Dios el Juez de todos, a los

espíritus de los justos hechos perfectos, [24] a Jesús el Mediador del nuevo pacto, y a la sangre rociada que habla mejor que la de Abel. (He. 12:18-24)

1. *¿A qué no nos hemos acercado nosotros los cristianos? Enumera las siete cosas que describen los versículos 18 y 19.*

2. *¿A qué evento del Antiguo Testamento se refieren los versículos del 18 al 21? (Véase Éxodo 19:16-25 y Deuteronomio 4:11-12 para ver el trasfondo.)*

3. *¿Qué impresión general dan los versículos 18-21? ¿Cómo te sentirías si estuvieses presente en la escena que describe? (Véase especialmente el versículo 21.)*

4. *¿Por qué era tan terrorífico para los israelitas encontrarse cara a cara con Dios?*

5. *Los versículos del 18 al 21, puesto que describen lo que sería encontrarse cara a cara con las demandas santas de Dios, también arrojan luz acerca del apuro en el que se encuentran aquellos que están sin Cristo. ¿Cómo debería esta terrible escena:*
   a) Motivar nuestra evangelización?

   b) Informar nuestra evangelización?

6. *¿A qué nos hemos acercado los cristianos según lo que dicen los versículos 22 al 24? Haz una lista con cada frase a continuación:*

7. *¿Qué significa que nos hemos «acercado…a Dios» (v. 22-23)?*

8. *¿Qué nos ha capacitado para entrar en una relación correcta con Dios? (Pista: Véase el versículo 24.)*

Este pasaje describe la realidad que gozamos nosotros los cristianos tras nuestra conversión.

* Nos hemos acercado a la santa ciudad de Dios; es decir, ya somos miembros de su reino celestial que un día se manifestará plenamente en la tierra (v. 22).
* En este reino están los ángeles que celebran la gloria de Dios, y los cristianos que han partido antes de nosotros y que ahora están glorificados en el cielo con Dios (v. 23).
* Y nosotros nos hemos acercado a Dios mismo, el juez de todos (v. 23), a quien no debemos temer ahora porque la sangre de Jesús habla a nuestro favor (v. 24), de modo que Dios perdona nuestros pecados, nos declara justos en su presencia, y nos acepta como sus hijos y herederos.

Pero este pasaje no nos habla meramente de estas realidades para nosotros como individuos. Más bien, el cuadro que el autor pinta es el de una *asamblea* celestial, de esta gran multitud de cristianos congregados *juntos*, en perfecta comunión con Dios. Así como Israel se congregó en el Monte Sinaí para recibir la ley de Dios, ahora la iglesia se congrega alrededor del trono de Dios en el cielo, en anticipación del día final cuando todos moraremos con Dios. El Nuevo Testamento muestra nuestra vida actual en la iglesia como un anticipo de esta asamblea perfecta y final. Siempre que una iglesia local se congrega, experimentamos una previsualización de la gloria de los nuevos cielos y la nueva tierra. Así, este pasaje nos enseña no solo acerca de la gloria de ser cristianos, sino acerca de la gloria de la membresía de la iglesia, porque es en la asamblea de la iglesia que experimentamos el anticipo más claro de estas realidades celestiales. Nuestra membresía en la iglesia tiene el propósito de apuntar hacia nuestra membresía en la asamblea celestial de Dios.

9. ¿De qué formas las reuniones habituales de tu iglesia local son un adelanto del cielo?

10. *¿A dónde son tentados tus pensamientos a divagar durante las reuniones de tu iglesia? ¿Cómo puede la enseñanza de este pasaje ayudarte a involucrarte de todo corazón en la adoración corporativa?*

11. *Piensa en el principio de este estudio, cuando considerábamos aspectos de la vida de la iglesia que parecen lúgubres y aburridos, y escríbelos a continuación. ¿Cómo ayuda la enseñanza de este pasaje a acercarte a cada una de estas actividades con una nueva mentalidad?*

APUNTES DEL MAESTRO PARA LA SEMANA 1

PROFUNDIZANDO

1. Las respuestas pueden variar.

2. En Hebreos 3:7-8, el Espíritu Santo nos exhorta a no endurecer nuestros corazones. Esto significa que no debemos rebelarnos contra Dios y su Palabra, sino que debemos someternos humildemente a ella. Antes que oponernos a él, debemos inclinarnos ante él y permitir que su Palabra exponga nuestro pecado y nos aparte del mismo (He. 4:12-13).

3. El ejemplo negativo que expone el autor para nosotros es la murmuración de los israelitas en el desierto cuando no tenían agua (Éx. 17:1-7). En este incidente, el pueblo no confiaba en que Dios fuese fiel a su palabra y que proveería para ellos. En su lugar, como dice el Salmo 95, tentaron a Dios y demandaron de él lo que querían inmediatamente.

4. Hebreos 3:10-11 nos dice que los israelitas que desobedecieron a Dios fueron castigados por Dios, quien hizo que muriesen en el desierto en vez de entrar en la tierra prometida.

5. El autor de Hebreos nos dice que nos aseguremos de que ninguno de nosotros tenga un corazón malo e incrédulo que cause que neguemos al Dios vivo (v. 12). Además, nos advierte de que no seamos endurecidos por el engaño del pecado.

6. Este pasaje nos enseña a *exhortarnos los unos a los otros cada día* para asegurarnos de que no negamos al Dios vivo (v. 13).

7. Las respuestas pueden variar.

8. Que el versículo 13 nos exhorte a no ser endurecidos por el engaño del pecado, nos enseña que el pecado es una fuerza activa y peligrosa dentro de nosotros. Nos enseña que el pecado mora en nosotros y busca seducirnos, prometiendo cosas que no nos dará. Nos enseña que el pecado puede «endurecernos». Puede atraernos a una vida de una pecaminosidad cada vez más grande hasta que nuestros corazones dejen de ser sensibles a la Palabra de Dios y dejen de ser redargüidos por el Espíritu cuando pecamos. En resumen, el versículo 13 nos enseña que el pecado es un enemigo letal y peligroso dentro de nosotros.

9. Las respuestas a la primera pregunta pueden variar. Con respecto a la segunda pregunta, la idea básica es que la enseñanza de este pasaje acerca del pecado debería estimularnos a oponernos al pe-

cado, velar contra el pecado, y hacer serios esfuerzos para ayudar a otros a vencer el pecado. Antes que ser pasivos y descansar en una falsa sensación de seguridad con respecto al pecado, debemos ayudar a otros a que venzan el pecado y buscar la ayuda de otros para vencer el pecado porque el pecado está intentando engañarnos constantemente. Como dijo John Owen, «Siempre debes matar al pecado, o el pecado te matará a ti».

Se debería enfatizar que uno de los argumentos principales del autor es que no estamos en este esfuerzo solos, sino que debemos exhortarnos los unos a los otros de modo que no seamos endurecidos por el engaño del pecado. Debido a que el pecado mora en nosotros, necesitamos a otros que nos ayuden a desenmascarar esas mentiras.

10. Alguien que no es miembro de una iglesia es especialmente propenso a ser endurecido por el engaño del pecado porque no es responsable delante de nadie. Los hermanos miembros de la iglesia están bajo la autoridad de la misma iglesia. Se han encomendado unos a otros para velar por sus vidas. Y, si un miembro de una iglesia comienza a estimar el pecado más que a Jesús, la iglesia entera es llamada a buscar a este individuo, hasta el punto de la exclusión de la membresía si él o ella no se arrepiente.

El problema de rechazar la unión con una iglesia es que simplemente puedes irte en cualquier momento sin ninguna consecuencia relevante. No eres realmente responsable ante nadie. No hay ningún tipo de disciplina de la iglesia. Y el pecado explotará esa situación para su propia ventaja y nuestra ruina. Además, la clase de actitud independiente y autónoma que con frecuencia lleva a la gente a no unirse a una iglesia, es en sí misma una manifestación peligrosa de orgullo espiritual. Es como decir, «Sí, otros podrán necesitar ayuda y ser responsables ante otros, y necesitar exhortación para no ser endurecidos por el engaño del pecado, ¡pero yo no!».

11. Sabemos que participamos de Cristo si *perseveramos hasta el final* (v. 14). Así, la perseverancia en la fe y una vida fiel es una de las marcas más claras de que somos verdaderos cristianos. Esto debería animarnos a renovar constantemente nuestros esfuerzos para luchar contra el pecado, fortalecernos en la fe, renovar nuestro amor por el Señor, y buscar ayuda y ser ayudados por otros cristianos. Debería recordarnos que estamos corriendo un maratón, no un sprint, y que necesitamos depender constantemente de la gracia de Dios para mantenernos fieles a Cristo durante toda nuestra vida.

12. Las respuestas pueden variar, pero deberían llevarnos especialmente en la dirección de lo que hemos tratado en la pregunta 10, además de considerar la definición de la membresía de la iglesia que consideramos al principio de esta sesión.

- Si la membresía de la iglesia implica que la iglesia afirma la profesión de fe de un cristiano, cada cristiano debería desear esta confirmación. Someternos al examen de la iglesia solo debería ayudarnos para ver más claramente la obra de Dios en nuestras vidas.

- Además, la promesa de la iglesia de velar por el discipulado de uno significa que la iglesia se compromete a hacer bien espiritual a ese individuo. No solo yo y yo mismo estamos intentando crecer espiritualmente, sino que toda la iglesia está luchando para edificarme en Cristo.

- La promesa del cristiano de reunirse con la iglesia y someterse a su supervisión también es espiritualmente beneficioso. Congregarse semanalmente con otros nos da la oportunidad de exhortarnos al amor y a las buenas obras (He. 10:24-25). Escuchar la lectura y la predicación de las Escrituras, cantar y orar juntos, y las otras actividades de la adoración corporativa, fortalecen nuestra fe y estimulan nuestras almas. Y someternos a la supervisión de la iglesia nos ayuda a crecer en humildad; una de las cosas que más necesita el «cristiano llanero solitario».

APUNTES DEL MAESTRO PARA LA SEMANA 2

PROFUNDIZANDO

1. Una iglesia tiene el poder de, formalmente, ejercer la disciplina eclesiástica o la excomunión, como consideramos por unos momentos en 1 Corintios 5 (véase también Mt. 18:15-20). Esto significa que puede retirar su «confirmación» formal de alguien que profesa ser cristiano quitándole de la lista de membresía y diciéndole que se abstenga de participar en la Cena del Señor. El poder de la excomunión es la «espada» dada a la iglesia por Jesús en Mateo 18:17.

2. No. Si la iglesia en Corinto no practicaba la membresía de la iglesia, la exhortación de Pablo de excluir a alguien de su comunión, para «quitar a ese perverso de entre vosotros», no tendría sentido. Si no hay ningún medio por el cual nadie puede ser *incluido* en la iglesia, no hay forma de que sean *excluidos*.

3. De nuevo, si la iglesia en Corinto no hubiese tenido membresía de la iglesia, no habrían sabido quiénes estaban «dentro» de la iglesia y quiénes «fuera». Después de todo, la membresía de la iglesia es simplemente un medio público y formal por el que

uno se compromete con la iglesia, y la iglesia se compromete con respecto al individuo. Si no existe tal cosa como la membresía de la iglesia, entonces carece de sentido hablar en términos de aquellos que están «dentro» de la iglesia y los que están «fuera». Pero, como vemos en estos versículos, no solo la iglesia en Corinto tenía un «dentro» y un «fuera», sino que además Pablo esperaba que la iglesia *supiese* quiénes pertenecían a la iglesia y quiénes no.

4. Esta pregunta llama a la reflexión y respuesta personales. Esperemos que la gente vea que, a la luz de las preguntas 1 y 2, está claro que la iglesia en Corinto practicaba la membresía de la iglesia.

5. De nuevo, esta pregunta llama a la reflexión personal. El objetivo es que los participantes entiendan que la práctica de la membresía de la iglesia es el único modo de ser fieles a la enseñanza de Pablo en este pasaje. Ya que instruye a los Corintios a excluir a una persona radicalmente inmoral, las iglesias de hoy en día deberían hacer lo mismo. Y ya que les instruye a tratar a aquellos que están dentro de la iglesia de forma diferente a aquellos que están fuera de la misma, nosotros tenemos la obligación de obedecer estos mismos mandatos. Esto significa que nuestras iglesias deben practicar la membresía.

6. El autor dice a sus lectores cristianos que se sometan a *sus* líderes. Si bien en un sentido los cristianos deberían respetar a todos aquellos que son verdaderos líderes cristianos, no se manda que los cristianos se *sometan* a todos los líderes de la iglesia en todas partes, sino solo a aquellos líderes con quienes se han identificado personalmente al comprometerse con la iglesia, sometiéndose a la autoridad de la misma. En otras palabras, los cristianos deben someterse a los líderes de la iglesia a la que pertenecen.

7. En un escenario en el que el anciano de una iglesia predica fielmente la Palabra de Dios y te confronta con un pecado en tu vida que no quieres tratar, si no eres un miembro de la iglesia, simplemente puedes salir por la puerta sin ninguna atadura ni consecuencias reales. Pero si estás comprometido con la iglesia como miembro, tienes que lidiar con tu pecado. No puedes simplemente salir corriendo a otra iglesia donde no te confrontarán con tu pecado, porque la iglesia entera se ha comprometido a que vivas de forma responsable conforme al evangelio, y tú te has sometido voluntariamente a la supervisión de la iglesia.

Mientras que esta falta de libertad y de autonomía parece alarmante, es en realidad el medio ordenado por Dios para ayudarnos a crecer en piedad y vencer nuestro pecado. ¿Recuerdas nuestro estudio previo? El pecado es engañoso y endurece. Esa es la razón por la que necesitamos estar comprometidos con y ser responsables delante de la iglesia, de modo que la iglesia como un todo pueda exponer nuestro pecado y mantener nuestra responsabilidad de arrepentirnos del mismo.

8. Básicamente, un aspecto de ser miembros de la iglesia es someternos a los líderes de la iglesia. Esto es lo que estás haciendo al *unirte a la iglesia*. Si nunca te unes a la iglesia, por definición no te estarás sometiendo a sus líderes.

Mientras que aquellos que no son miembros y que asisten asiduamente a la iglesia pueden *escoger* someterse a la enseñanza de un líder de la iglesia, en la forma más importante continúan *sin someterse* a ellos. Al rehusar unirse a la iglesia, están rehusando ponerse bajo la autoridad de la iglesia y de sus líderes. Así, en esencia, siguen reteniendo su autonomía, su autoridad sobre sí mismos. Puede que se sometan voluntariamente a la enseñanza de estos líderes siempre y cuando les guste y estén de acuerdo con ella pero, ¿qué ocurre si oyen algo que no les gusta, algo que les toca personalmente? Pueden levantarse e irse simplemente. Así, al rehusar unirse a la iglesia, están rehusando obedecer *el mandato de Hebreos 13:17* de someterse a los líderes de su iglesia.

9. ¿Por quiénes han de dar cuentas los líderes de la iglesia? Aquellos por cuyas almas *velan*. Si de repente apareces en una iglesia, una vez cada cierto tiempo, y no eres responsable delante de la iglesia,

y nunca te sometes a la misma, sería mucho decir que los líderes de la iglesia están *velando por ti*.

¿Cómo saben los líderes de la iglesia por quiénes han de dar cuentas? Han de dar cuentas de aquellos por los cuales velan, es decir, aquellos que se han puesto en manos de su cuidado espiritual a través de la membresía de la iglesia.

Así, parece que este versículo también indica que la iglesia a la cual el autor de Hebreos estaba escribiendo practicaba la membresía de la iglesia. Los líderes sabían por quiénes debían dar cuentas, y los miembros de la iglesia sabían a quién debían someterse.

10. Esto requiere una reflexión y meditación personales, pero la respuesta debería ser «sí» para todas las razones que se comenten.

11. La respuesta debería ser «sí» para todas las razones que se expongan. La Biblia espera que:

- Las iglesias tengan un «dentro» y un «fuera».
- Aquellos que están dentro de la iglesia son *cristianos*, y aquellos fuera de la misma no lo son.
- Los cristianos se someterán a la autoridad de la iglesia (hasta el punto de que pueden ser excluidos de la iglesia si no se arrepienten).
- Los cristianos deben someterse a la autoridad de sus líderes.

Por todas estas razones (y otras más) cada cristiano está bíblicamente obligado a ser miembro de una iglesia local.

12. Las respuestas pueden variar, pero aquí tenemos algunas ideas básicas:

a) Una iglesia no será capaz de practicar la disciplina eclesial porque la gente no está «dentro» de la iglesia, ni bajo su autoridad, en primer lugar. Por otra parte, practicar la membresía es un primer paso necesario hacia una práctica saludable de la disciplina eclesial.

b) Debido a que la gente no se ha comprometido con la iglesia, la iglesia como un todo sencillamente no puede hacer responsable a la gente por sus vidas como cristianos. Esto quitará toda la fuerza que tienen las relaciones disciplinarias sobre el individuo. Por otra parte, la práctica de la membresía de la iglesia significa que cada persona que se une a la iglesia se compromete a ayudar a otros miembros a seguir a Cristo.

c) Sin la membresía de la iglesia, los líderes no tienen una noción clara de quiénes son aquellos por los cuales han de dar cuentas. Con la membresía de la iglesia, los líderes pueden sentir más específicamente la carga que tienen de cuidar de las ovejas una por una.

d) En una iglesia donde no se practica la membresía, no puedes estar seguro de quiénes están comprometidos con la misma,

Apuntes del maestro

quiénes realmente están de acuerdo con lo que cree la iglesia, y así sucesivamente. Aunque los cristianos deberían amar y alcanzar a aquellos que entran por la puerta de la iglesia, la membresía de la iglesia fomenta la confianza y una comunión profunda debido a que los miembros de la iglesia están unidos en la fe y se han encomendado los unos a los otros.

APUNTES DEL MAESTRO PARA LA SEMANA 3

PROFUNDIZANDO

1. Los dones que Cristo ha dado a la iglesia son apóstoles, profetas, evangelistas, pastores y maestros (v. 11). Aunque los cristianos puedan no estar en total acuerdo con el significado de estos títulos, por lo menos podemos estar seguros de que Cristo todavía da a sus iglesias pastores y maestros, ya que los ancianos deben enseñar la Palabra (1 Ti. 3:2; Tit. 1:9).

2. Cristo da estos dones a la iglesia con el propósito de equipar a los santos para la obra del ministerio (v. 12).

3. Según este pasaje, son los santos —¡todos ellos!— quienes hacen la obra del ministerio. Esto es diferente al modo en que solemos pensar acerca del «ministerio» en la iglesia, porque tendemos a pensar que solo los pastores a tiempo completo llevan a cabo el ministerio, y que nosotros somos los que somos ministrados. Según Pablo, los pastores *nos* equipan para hacer la obra del ministerio, lo cual significa que nuestra labor en la iglesia es mucho más importante de lo que normalmente pensamos.

4. El objetivo del crecimiento de la iglesia es que cada miembro pueda llegar a la unidad de la fe y al conocimiento del Hijo de Dios, a un varón perfecto, a la medida de la estatura de la plenitud de Cristo (v. 13). Esto nos enseña que deberíamos evaluar nuestra iglesia en términos de cómo estamos ayudando a otros a crecer en su conocimiento de Cristo, en la unidad en la verdad, y en la madurez cristiana. No obstante, con demasiada frecuencia evaluamos nuestra iglesia basándonos en si nos gusta la música que se toca el domingo, si el culto es entretenido, si la iglesia suple nuestras necesidades, y otras muchas cosas. Más bien, deberíamos preguntarnos cómo lo estamos haciendo *nosotros*, y cómo lo están haciendo otros, con respecto a la edificación de todo el cuerpo en la madurez del conocimiento de Cristo.

5. La amenaza para la iglesia que Pablo tiene en mente en el versículo 14 es la falsa enseñanza.

6. Pablo dice que, una vez que maduremos, deberíamos ser capaces de hacer frente a los falsos maestros. No seremos llevados de aquí para allá por todo viento de doctrina y no caeremos en las artimañas astutas de los hombres (v. 14).

7. Las respuestas pueden variar.

8. La iglesia crece hacia la madurez según cada miembro habla la verdad el uno al otro, en amor, y según cada miembro del cuerpo da lo que se espera de él para ayudar al cuerpo a que crezca (vv. 15-16).

9. Las respuestas pueden variar.

10. El cien por cien del cuerpo es necesario para que el cuerpo de Cristo crezca como es debido (v. 16).

11. Hay varias posibles respuestas, incluyendo:

* Provee la rendición de cuentas, de cada uno frente a los demás, lo cual ayuda a los miembros a vencer el pecado y crecer en santidad.

* El compromiso de los miembros, los unos hacia los otros, pondrá el cimiento para la clase de edificación mutua de la que habla este pasaje.

* El conocimiento de los líderes de la iglesia acerca de quiénes son aquellos por los cuales han de dar cuentas les ayudará a pastorear y enseñar con un mayor conocimiento personal del rebaño y les ayudará a equipar a cada miembro de la iglesia para el ministerio.

12. De nuevo, hay varias posibles respuestas. Piensa acerca de lo opuesto a las cosas enumeradas en la pregunta 11.

13. Las respuestas pueden variar, pero los participantes deberían reconocer que seguramente no todos tendrán el mismo grado de compromiso con la iglesia, de responsabilidad frente a la iglesia, de ayuda y ánimo de parte de otros, y el mismo grado de oportunidad para ministrar a otros, si no se unen a la iglesia a la cual asisten.

14. A la luz de este cuadro de cada miembro del cuerpo contribuyendo para el crecimiento de la iglesia:

a) El objetivo de la membresía de la iglesia es que cada miembro ayude a todo el cuerpo a madurar en Cristo.

b) Las respuestas pueden variar.

APUNTES DEL MAESTRO PARA LA SEMANA 4

PROFUNDIZANDO

1. En el versículo 10, Pablo apela a los corintios para que estén de acuerdo los unos con los otros, para que desechen toda división, y que estén unidos en una misma mente y juicio.

2. Pablo establece esta apelación de tres formas diferentes: «que habléis todos una misma cosa», «que no haya entre vosotros divisiones», y «que estéis perfectamente unidos en una misma mente y en un mismo parecer» (v. 10). Esto nos enseña que este asunto es de suprema importancia para él.

3. Pablo había recibido informes de que existían divisiones en la iglesia de Corinto (v. 11). Especialmente, se informó a Pablo de que los cristianos se estaban identificando con ciertos líderes en contra de otros, aparentemente formando grupos en la iglesia basados en el líder que más les gustaba.

4. La actitud que expresa la afirmación «yo soy de Pablo» o «yo soy de Apolos» es una de orgullo y exclusivismo. Esto no es un simple afecto cariñoso por un líder, sino que es una devoción divisoria hacia un lí-

der en oposición a otro líder y los cristianos que le siguen. Lo erróneo de esta actitud es que da a los líderes humanos una especie de lealtad exclusiva que solo deberíamos dar a Dios, y resulta en divisiones dentro de la iglesia. Además, basado en la referencia implícita de Pablo en el versículo 17, parece que los corintios se aferraban a ciertos maestros no por su sana doctrina (todos los hombres que menciona Pablo eran sanos en doctrina), sino por el estilo retórico que les gustaba más.

5. La primera respuesta de Pablo es la pregunta, «¿Acaso está dividido Cristo?» (v. 13).

6. Pablo pregunta, «¿Acaso está dividido Cristo?» porque sabe que la iglesia es el cuerpo de Cristo (1 Co. 12:12-13). La iglesia está íntimamente identificada con Cristo (Hechos 9:4). Cristo *no* está dividido, así que su iglesia tampoco debería estarlo. Esto nos enseña que la unidad en la iglesia es importante porque refleja la misma unidad de Cristo y la unidad que tenemos con él y en él. La unidad de la iglesia testifica al mundo acerca de quién es Cristo.

7. Conforme al resto del Nuevo Testamento, deberíamos:

- Respetar y estimar a nuestros líderes (1 Ts. 5:12-13).
- Estudiar cuidadosamente su forma de vida e imitar su fe (He. 13:7).

- Someternos a ellos de un modo que haga que sea un gozo para ellos liderarnos (He. 13:7).

- Estar preparados para gozarnos cuando el evangelio es predicado, no importa quien predique (Fil. 1:15-18).

- Estar preparados para apoyar sacrificadamente a todos aquellos que predican el verdadero evangelio, aun cuando no tengamos una conexión personal con ellos (3 Jn. 5-8).

8. Estas formas bíblicas de relacionarnos con los líderes de la iglesia local ayudan a edificar la unidad de la iglesia porque nos lleva a someternos a tales líderes, no obstante recordando que al final debemos estar sometidos al Señor. Además, estas formas bíblicas de relacionarnos con los líderes nos enseñan a respetar y apoyar a todos aquellos que predican el verdadero evangelio (aunque tengamos una relación especial de compromiso con los líderes de *nuestra* iglesia local, como nos muestra Hebreos 13), en lugar de crear facciones y divisiones por temas de personalidad o estilo. Y dentro de nuestra propia iglesia local, deberíamos someternos y respetar a todos los líderes que Dios ha establecido, en vez de escoger a uno en oposición a los otros.

9. Las experiencias personales de diferentes fuentes de división en la iglesia pueden variar. Algunos aspectos de la respuesta del apóstol Pablo incluirían:

- Cómo la iglesia es una imagen de Cristo y del evangelio
- Reflexionar acerca de la unidad que tenemos en Cristo
- Permitir la libertad de conciencia en asuntos que la Palabra de Dios no trata de forma explícita (Ro. 14; 1 Co. 8-10)
- Instarnos a practicar la humildad y considerar a los demás como más importantes que nosotros mismos (Fil. 2:1-11)

10. Las respuestas pueden variar.

11. Aquí se pueden dar varias respuestas válidas. La membresía de la iglesia fomenta la unidad porque:

- Asegura que todos aquellos que pertenecen a la iglesia se han comprometido con la misma fe.
- Crea un compromiso mutuo entre todos en la iglesia; no podemos simplemente salir por la puerta cuando las cosas se ponen difíciles.
- Actúa como un recordatorio continuo de la unidad que compartimos como hermanos y hermanas en Cristo.

APUNTES DEL MAESTRO PARA LA SEMANA 5

PROFUNDIZANDO

1. La metáfora que usa Pablo para describir a la iglesia en este pasaje es la de un cuerpo y sus miembros.

2. Pablo dice que cada uno de nosotros que somos cristianos fuimos bautizados por el Espíritu en el cuerpo de Cristo (v. 13). Esto significa que cuando vinimos a la fe en Cristo, fuimos unidos a Cristo y a todos aquellos que también están unidos a él por la fe. Nuestra membresía en una iglesia local es el modo en que se manifiesta y la forma en que se vive esa unidad que tenemos con otros cristianos.

3. Pablo dice que el cuerpo no consiste en un solo miembro, sino en muchos (v. 14). Esto significa que la iglesia está, y tiene el fin de estar, compuesta no de una sola clase de personas que son todas iguales, sino de personas con diferentes dones, dificultades, trasfondos culturales, y otros aspectos más. Así como hay una unidad en la diversidad entre los miembros del cuerpo, de igual modo debería haber una unidad en la diversidad entre los miembros de la iglesia.

4. En los versículos 15 y 16, el pie y el oído dicen, «Porque no soy mano/ojo, no soy del cuerpo». Esto expresa un sentimiento de inferioridad, de no sentirse necesitado, y un sentimiento de ser excluido del cuerpo.

5. Los dos argumentos principales en la respuesta de Pablo son:
   1. Es la naturaleza misma de un cuerpo el tener muchos miembros; si un cuerpo *no tuviese* muchos miembros diferentes no sería un cuerpo (vv. 17, 19-20).
   2. Dios es el que ha determinado soberanamente cómo estarían dispuestos los miembros del cuerpo (v. 18).

6. Las respuestas pueden variar.

7. Las respuestas pueden variar.

8. En el versículo 21, el «ojo» y la «cabeza» dicen «no te necesito» a los otros miembros del cuerpo. Esto expresa autosuficiencia, independencia, y tal vez incluso arrogancia.

9. Los dos argumentos principales en la respuesta de Pablo son:
   1. Tratamos las partes menos honorables y presentables de nuestro cuerpo físico con un honor especial, lo que significa que deberíamos de tratar a los miembros «menos dignos» de la iglesia con especial dignidad (vv. 22-24a).

2. Dios ha dispuesto el cuerpo de esta manera deliberadamente, dando honor a las partes que carecían del mismo, con el fin de que el cuerpo esté unido y que los miembros cuidasen unos de otros (vv. 24b-25).

10. Los dos objetivos del modo en que Dios ha dispuesto a los miembros (v. 25) son:
   1. Que no hubiese división en el cuerpo.
   2. Que los miembros tuviesen el mismo cuidado unos de otros.

El ejemplo que da en el versículo 26 es que si algún miembro sufre, los otros miembros sufren juntamente con él, y si algún miembro recibe honor, todos los demás miembros se gozan con él.

10-13. Las respuestas pueden variar.

APUNTES DEL MAESTRO
PARA LA SEMANA 6

PROFUNDIZANDO

Aquí tenemos lo que sería la tabla completada. Puede que la tabla de cada persona sea un poco diferente dependiendo de cómo manejen los mandatos que se solapan (tales como «obedeced a vuestros pastores, y sujetaos a ellos»).

DEBER (VERSÍCULO N°)	¿HACIA LOS LÍDERES, OTROS MIEMBROS, O DIOS?	RAZÓN/ MOTIVACIÓN
Recordemos a nuestros líderes (He. 13:7)	Líderes	
Imitemos a nuestros líderes (He. 13:7)	Líderes	El «resultado de su conducta» es la bendición eterna.
Obedezcamos a nuestros líderes (He. 13:17)	Líderes	
Sometámonos a nuestros líderes de un modo que se gocen en su servicio (He. 13:7)	Líderes	Someternos a nuestros líderes es para nuestro beneficio.
Consideremos cómo exhortarnos unos a otros al amor y a las buenas obras (He. 10:24).	Otros miembros	

DEBER (VERSÍCULO N°)	¿HACIA LOS LÍDERES, OTROS MIEMBROS, O DIOS?	RAZÓN/ MOTIVACIÓN
No dejemos de congregarnos, sino antes reunámonos con la iglesia con regularidad (He. 10:24)	Otros miembros	
Animémonos unos a otros (He. 10:25)	Otros miembros	El día de la salvación y del juicio están más cerca cada día.
Pensemos en nosotros mismos con un juicio humilde y sobrio (Ro. 12:3)	Otros miembros	Todos estos mandatos en Romanos 12 están basados en «las misericordias de Dios» por las cuales Pablo apela a sus lectores (Ro. 12:1-2). «Las misericordias de Dios» se refiere al evangelio que Pablo ha expuesto en los once capítulos previos.
Usemos nuestros dones para servir a otros (Ro. 12:6)	Otros miembros	
Amemos a otros sinceramente con amor fraternal (Ro. 12:9-10)	Otros miembros	
Superémonos mostrando honor unos a otros (Ro. 12:10)	Otros miembros	

DEBER (VERSÍCULO N°)	¿HACIA LOS LÍDERES, OTROS MIEMBROS, O DIOS?	RAZÓN/ MOTIVACIÓN
Sirvamos a Dios diligentemente y de corazón (Ro. 12:11)	Dios	
Regocijémonos en la esperanza, seamos pacientes en la tribulación, y constantes en la oración (Ro. 12:12)	Dios	
Contribuyamos a las necesidades de los demás; mostremos hospitalidad (Ro. 12:13)	Otros miembros	
Gocémonos con los que se gozan, y lloremos con los que lloran (Ro. 12:15)	Otros miembros	
Vivamos en armonía con los otros miembros (Ro. 12:16, 18)	Otros miembros	
No seamos orgullosos, asociémonos con gente modesta (Ro. 12:16)	Otros miembros	
Hagamos lo bueno delante de todos (Ro. 12:17)	Otros miembros	
Vivamos pacíficamente con todos (Ro. 12:18)	Otros miembros	

Las preguntas en este estudio buscan la reflexión personal y la aplicación práctica.

La única excepción a esto se encuentra en la pregunta 6: «¿Significa el mandato de someternos y obedecer a los líderes de la iglesia que nos pueden mandar hacer cualquier cosa que quieran? ¿Por qué sí o por qué no?». La respuesta es que el mandato de someterse a los líderes de la iglesia *no* significa que pueden mandarnos hacer cualquier cosa que quieran, porque la autoridad de los líderes de la iglesia solo es aplicable siempre y cuando estén enseñando fielmente la Palabra de Dios.

APUNTES DEL MAESTRO PARA LA SEMANA 7

PROFUNDIZANDO

1. Los versículos 18 y 19 nos dicen que los cristianos no se han acercado:

    1. A aquello que se puede tocar
    2. Al fuego ardiente
    3. A las tinieblas
    4. A la tempestad (es decir, una tormenta violenta)
    5. Al sonido de una trompeta
    6. A una voz cuyas palabras hacían que los oyentes rogasen que no se les hablase más

2. Los versículos 18 al 21 se refieren al momento cuando Dios dio la ley a los israelitas en el Monte Sinaí.

3. Los versículos 18 al 21 dan una impresión global de terror, temor del juicio, y tristeza.

4. Era muy aterrador para los israelitas hablar con Dios cara a cara porque cuando su pecado era traído ante la santidad divina, Dios se oponía a ellos en juicio.

5. (a) El cuadro terrible que los versículos 18 al 21 nos dan del estado de aquellos que están sin Cristo debería motivar nuestra evangelización porque nos damos cuenta de la situación tan horrible en la que otros se encuentran ante Dios. Y (b) debería impactar nuestra evangelización ayudándonos a articular claramente el principal problema que tienen los que no son cristianos, que la ira de Dios está en contra de ellos a causa de su pecado.

6. Los versículos 22 al 24 dicen que nosotros los cristianos nos hemos acercado:

- Al monte de Sion, *que es* la ciudad del Dios vivo, la Jerusalén celestial
- A la compañía de muchos millares de ángeles
- A la congregación de los primogénitos que están inscritos en los cielos
- A Dios el Juez de todos
- A los espíritus de los justos hechos perfectos
- A Jesús, el Mediador del nuevo pacto
- A la sangre rociada que habla mejor que la de Abel

7. El que nos hayamos «acercado... a Dios» (vv. 22-23) significa que tenemos una relación personal con él. En lugar de estar separados de él por nuestro pecado, ahora estamos en comunión con él.

8. Lo que nos ha capacitado para entrar en una comunión correcta con Dios es «la sangre rociada» de Jesucristo (v. 24), que «habla» a nuestro favor; es decir, cubre nuestros pecados y nos introduce en la comunión con Dios a través del nuevo pacto.

9. Las respuestas pueden variar, pero deberían incluir:

* En las reuniones corporativas de la iglesia, ofrecemos oraciones a Dios juntos, pero en el cielo le veremos cara a cara.
* En la adoración corporativa cantamos alabanzas a Dios, lo cual haremos perfectamente en el cielo.
* La iglesia es un pueblo santo delante del Señor, y nos congregamos como un pueblo que es distinto al mundo. En el cielo, el pueblo de Dios será purificado perfectamente.
* En las reuniones de la iglesia escuchamos la Palabra de Dios predicada y nuestros corazones son conmovidos por la esperanza del evangelio. En el cielo esa esperanza dará lugar a una realidad.
* En la Cena del Señor proclamamos la muerte de Cristo *hasta que él venga*. Jesús nos dice que en ese momento futuro nos sentaremos con él en el gran banquete del reino de Dios.

9-11. Las respuestas pueden variar.

REFERENCIAS

SEMANA 1: LA NECESIDAD DE LA MEMBRESÍA

1. Jonathan Leeman, *The Church and the Surprising Offense of God's Love: Reintroducing the Doctrines of Church Membership and Discipline* (Wheaton, IL: Crossway, 2010), 217.

APUNTES PERSONALES

APUNTES PERSONALES

APUNTES PERSONALES

APUNTES PERSONALES

APUNTES PERSONALES

APUNTES PERSONALES

APUNTES PERSONALES

Made in the USA
Monee, IL
08 September 2022